U0040905

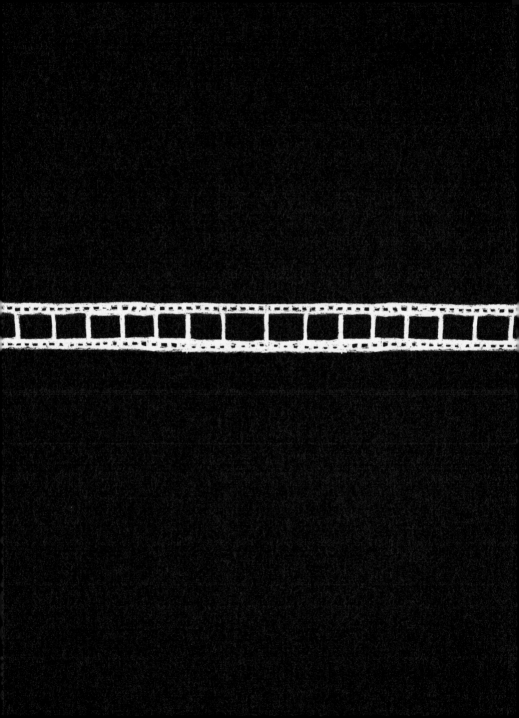

人生只有一次
華麗的翻滾
跳躍吧！

Contents 目錄

人生是一部只會上演一次的電影，沒有二輪，你得當好自己的導演與演員。
當 Action 指令一下，生活中的每一幕，你怎麼拍怎麼演？

片尾 · 彩蛋

Chapter ———————

心靈捕手

靠！
這不是自我介紹！！這是身家調查好嗎！！

我都這樣介紹我自己。

首先，臉上要帶著一抹自己覺得迷死人的笑容，
胸有成竹地先向對方點頭致意，再走過去跟他握手。
接著不管三七二十一，自信地開口說：
你好，我姓金，名城武。

接下來對方大概就會一直冒出驚訝、驚恐、罵髒話、大笑、
鄙視、你工蝦毀之類的表情動作。

但我知道，
在這個第一次見面的人心中，
已經留下了我的臉，留下了 my attitude。

要給自己最好的第一印象，
你才能夠給別人最好的第一印象。

日常生活　日常生活中的我，

也是每天早上鬧鐘調 7 點，可是起床的時候已經快 8 點。
也是騎著摩托車去公司，路上隨便買個麵包飲料就進公司開始開會。
也是在公司被老闆碎念幹譙幾句，恍恍惚惚就到了中午。
也是和同事一起吃個午餐聊個八卦，就各自掰掰跑業務。
也是工作的時候認真無比，沒事的時候軟爛得像灘泥。
也是忙碌的時候就加班到半夜，沒事的時候看看臉書看看文章吃吃宵夜就洗洗睡。

平常假日的我，

也是一樣睡到自然醒然後吃個午餐接下來繼續睡。
也是一樣和朋友一起出去聊個天玩個牌打個球唱個歌就結束了。
也是一樣聽聽音樂上上網看看韓劇吃吃東西然後就沒了。
也是一樣和爹娘看個鄉土劇玩玩哇沙米晾個衣服就到晚上了。
也是一樣什麼都想做但也什麼沒做，突然驚覺一天又要過了。

但是，某個颱風天過後……

上述的日常生活，對某方面的自己來說已經是一種奢侈了哈哈哈哈哈……

簡單的生活，是快樂的、富足的、美滿的、幸福的。

 # 好好珍惜你簡單的日子，說不定有天你就一點都不簡單了

其實，

保持簡單就是一件最最最不簡單的事情。

呱呱　呱！呱呱！呱呱呱！呱呱呱呱！呱呱呱呱呱！

嗯，是青蛙，而且是隻井底之蛙。

嬰兒的時候覺得奶就是一切，
幼稚園的時候覺得爹娘就是一切，
小學的時候覺得搶溜鞦韆就是一切，
國中的時候覺得書包畫滿立可白，跟別人不一樣就是一切，
高中的時候跟同班同鞋談戀愛就是一切，
大學的時候覺得不要被當就是一切，
出社會的時候覺得可以工作就是一切。

沒發現原來除了奶之外，其實還有配方奶（而且還分成有毒和沒毒的）。
沒發現除了爹娘，旁邊的同學原來這麼好玩（或者自己可以這樣被玩）。
沒發現除了溜鞦韆，原來溜滑梯躲避球也那麼有趣（還可以撒嬌跟爹娘要一下零用錢）。
沒發現其實除了書包不一樣，髮型不一樣、褲管也能不一樣（把衣服偷偷改窄也很不一樣）。
沒發現除了同班同鞋之外，隔壁班的女人也美得有點過分（還有隔壁學校的也很正）。
沒發現除了不要被當之外，還有社團可以參加、聯誼可以抽鑰匙（還可以好幾天不用睡覺）。
沒發現除了工作之外，原來還可以旅行、養狗養貓（還可以準備相親）。

在每一個階段，
我們都有些沒發現的事情，以為自己所見所聞所做的就是全部，
雖然一直沒發現一直呱呱呱，人生其實也沒有大問題，

但要不要去看看外面的世界？

 # 直接跳出井底吧

年輕的時候有嘗試，
老的時候才有回憶。

夢想　還記得有次和朋友聊天，我們聊到「夢想」。
有的人只是笑笑的不說話，有的人大聲歡呼喧鬧，
有的人一副拜託你們醒醒好嗎的臉。

那時候我說：我想有一個女朋友。

她想結婚我就跟她結婚，她不想結婚我就不結婚。
她想要小孩我們就生小孩，她不想要我們就不生。
我想要和她買一台不用很好的車子，
我想要和她買一棟不很貴的房子，
我想要和她一起養一條狗還有一隻貓。

因為不開名車、不住豪宅，所以我們會有多餘的錢。
我想要和她每年最少出國一次。

有人問我這也算是夢想嗎？
這不是大部分人的人生版本嗎？

我只笑笑地說：對阿，這就是我的夢想，而且一直沒有變過。

夢想的大小與否，是不是和別人一樣不重要，
重要的是，
夢想是一個目標，
是讓自己活下去的動力，是讓自己開心的原因。

我希望早上叫我起床的不是鬧鐘，而是夢想。

身為一個人類最美好的禮物就是能夠 擁 有 夢 想。

準備好　等我一下，我規劃好再跟你說。
　　　　等我一下，我想一下再告訴你。
　　　　等我一下，我討論一下告訴你。
　　　　等我一下，我評估一下跟你說。
　　　　等我一下，我準備好了跟你說。

小時候想騎腳踏車，大喊一聲我要出去玩，我就騎腳踏車走了，然後回來再被罵。
小時候看見吃的，也沒管是不是還能吃，就給它吃下去，然後就去廁所拉肚子了。
小時候想睡，直接就睡了，管他是在床上、椅子上還是在地板上，反正我就睡了。
小時候穿衣服，管他好不好看舒不舒服，只要上面有卡通圖案，沒曬乾有點臭，我也穿出去走台步。

有沒有發現舉的例子都是小時候？

長大了以後，我們基於現實考量，不論是親情上感情上朋友上生活上自尊上理念上想法上社會上法律上別人上媒體上金錢上……
所以，
我們，應該　準備好了　再出發。

那什麼叫準備好了？

準備好了要吃飯嗎？
——吃什麼用什麼吃怎樣才可以吃？
準備好了要上班嗎？
——要多少精神要多少裝扮要多少力量才是準備好？
準備好了要讀書嗎？
——要多少時間，要多少書，要去哪裡讀才算準備好？
準備好了要走路了嗎？

──要先穿什麼鞋要走哪一條路要走哪裡？

準備好了要談戀愛了嗎？

──要先穿什麼衣服要散發多少荷爾蒙要找誰都準備好了？

準備好了要結婚生小孩了嗎？

──要多少錢要多少車子要多少房子才算準備好了？

你準備好要處理人生中任何一件事情嗎？

我覺得人的一生就是什麼事情發生了，就讓它發生，之後再去解決處理。

如果是未來的事情，就**盡己所能**，

然後，閉嘴，立刻去做。

 # 以上言論行為適用於泛舟哥，不代表全部喔拜託

人生沒有一樣事情叫做「準備好」的，

只是要做，還是不做而已。

困難　　一開始覺得上學好困難，
　　　　上學後又覺得數學好困難，
　　　　數學學完覺得背書好困難，
　　　　書背好了又覺得交朋友好困難，
　　　　交到朋友又覺得交男女朋友好困難，
　　　　交到男女朋友又覺得維繫感情好困難，
　　　　維繫好感情又覺得找工作好困難，
　　　　找到工作了又覺得業務好困難，
　　　　做好業務後又覺得老闆好讓人困難，
　　　　老闆弄好又覺得生活好困難，
　　　　打理好生活之後發現，

　　　　原來**自己才是困難的製造者。**

　　　　然後看別人的困難好像不是這麼困難，
　　　　又覺得別人不了解自己的困難。

　　　　人的困難總是解決一個又出現一個，
　　　　很煩吼！
　　　　對啊，我也這麼覺得。

　　　　只是，覺得困難的時候，

　　　　有的人跨過了，反而一飛沖天
　　　　有的人卻步了，從此一蹶不振

　　　　# 覺得雨過又天晴了

舟爸有句老名言：
吃苦當做吃補就好，廢話不用這麼多。

小時候　還記得小時候，
曾經大便在褲子上感覺有點溫暖。
曾經可以直接用雙手玩弄著昆蟲還覺得有趣。
曾經在家門口玩著沙子和石頭就覺得快樂。
曾經可以牽著喜歡的女生管她喜不喜歡我。
也曾經偷嚐過鼻屎的滋味啊啊啊！

我不是鼓勵大家要嘗試上面寫的這些事情，

而是

長大之後，
每個人在感情、親情、生活、工作、朋友、身體上……
都有一些覺得自己無法解決的問題，

那麼，我們就要這樣困住了嗎？

＃但還是要尊重女生啦！

如果彷徨恍惚不知所措了，

那不妨回想一下，小時候的你也曾經相信自己是無所不能的。

絕招　想要年收入破百萬，
但是覺得我沒一技之長，所以 blah blah blah……
想去找某某某，
但是覺得他不愛我了，所以 blah blah blah……
想要和家人感情更好，
但是覺得爹娘兄弟姐妹怎樣怎樣，所以 blah blah blah ……
我的夢想是 ＿＿＿＿＿＿（請自行填入）
但是覺得現實狀況是 ＿＿＿＿＿＿，所以 blah blah blah……

這麼多「但是」的想法總是無時無刻出現在自己腦子裡，
所以我沒有辦法、沒有可能、不應該，所以 blah blah blah……

我也是人，我也會被這些想法給侷限給框住，
只是每當面對這樣的狀況，我有個絕招。

我都會對自己說：

請 問 中 華 民 國 憲 法 哪 一 條 規 定 了 我 沒 有 辦 法 ？

 # 絕招教給你們了

試著回想一件你曾辦不到的事情，
真的是自己辦不到，
還是自己被自己給侷限了？

馬雲葛格　　我很喜歡馬雲葛格的一段話：

「晚上想想千條路，早上起來走原路。」

夜深人靜的時候，
你會不會想「我以後要好好讀書不要被當」，
結果睡到下午才起床。

夜深人靜的時候，
你會不會想「明天我要趕快把事情做完準時下班」，
結果上班的時候一樣在滑手機，
和同事一起訂珍珠奶茶微冰微糖。

夜深人靜的時候，
你會不會想「剛剛和爹娘講話口氣很不好，明天開始我要好好跟
他們講話」，
結果早上一見到他們，還用力地瞪了一眼才出門。

你有沒有發現，
每年的新年新希望，
感覺好像都跟去年的差不多？

因為

你都沒有去做啊啊啊！！！

 # 不要笑，快點去做

知道，不等於做到。

有點 18 禁　「想的做不到，做的想不到。」

每次上台分享心得，我都會先問大家對於這句話的想法是什麼。

有人說是「不去做就沒有」、「光會做不會想」，也有人說是「做出來的想不到」。

哈哈哈哈哈哈哈哈哈哈哈～

其實大家說的都對，而我的看法不太一樣。

有沒有一些事情是你想了很多很多很多很多，
結果只是在想，
根本沒有做或根本做不到？

有沒有一些事情是你想都沒有想，
可是事情的發展卻是你想不到的？（我泛舟哥就是很好的例子）

雖然事情的結果可能是好的也可能是壞的，
但如果是你，
你寧可讓事情不發生，
還是讓事情曾經有過結果？

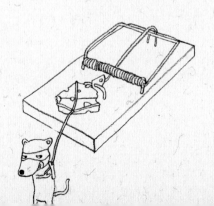

再舉個大家都很有共鳴的生理小故事做例子。

請問在座的男性們有沒有 DIY 過？
大家笑啊笑的……
請問 DIY 很舒服嗎？
大家這時候更是笑啊笑的……
那請問你會在腦子裡面自己 DIY 然後覺得舒服舒服很舒服嗎？
我說啊，
如果真的很舒服為什麼不要直接脫下褲子然後開始 DIY 呢？

我喜歡有結果的感覺

想的做不到，做的想不到

車子　大學的時候，因為後面兩年讀的是夜校，
所以班上有比較多年紀比我大一些些的大哥哥大姐姐。

有次，有個哥問我：「阿吉，你知道你的第一台車要買什麼車子嗎？」

「不知道啊，我怎麼知道。」我說。

哥說：「一定要買外型是你喜歡的車子啊！知道嗎？」

「蛤？不是應該考慮省油、馬力大、舒適還是什麼容易換零件嗎？」

「如果外型不是自己喜歡的車子，你連開都不會想開。」

長大後也才發現身邊很多事情，如果不是自己喜歡的，
硬要以不吃虧、cp 值高、不能被佔便宜等等為考量因素，

那真的不如找一個**真心喜歡**的人事物。

耗油就多賺一點
大車停車不方便就把技術練好一點
哪有這麼多問題

因為，
只要我真的喜歡，
什麼問題都不是問題。

交不到女朋友　我同事跟我說，你寫一篇交不到女朋友文好不好？
於是我就寫了。

記得大學我在打工的時候，
一位同事走過來說：「欸！阿吉，身邊這麼多女生，介紹一個
來認識啊！！」
我本來不太想搭理他，但他有點哀傷地說：「我長這麼大都沒
交過女朋友，你可以教我嗎？」

頓時，我覺得心中的佛門被打開了，佛心再臨！

我：「嗯，施主，那你喜歡什麼樣的女生？」
他：「有感覺，可愛、漂亮，然後身材不錯，會顧家的女生！」
我：「那你覺得，這種女生喜歡怎麼樣的男生？像你這種嗎？」
他：「怎麼可能是我這種，當然要是帥哥啊，或者打扮得很有
型啊！」
我：「然後呢？」
他：「什麼然後？」

「嗯，然後呢？答案給你了啊，你自己都知道你喜歡的女生喜
歡的男生類型了，那就去變成那個模樣啊！你喜歡車子，你會
去買汽車雜誌來看；你喜歡吃海鮮，你會去海鮮餐廳；你喜歡
打籃球，你會去找顆球和籃框；你喜歡跑步，你會買雙跑鞋找
個運動地點。那你有喜歡的女生，想跟她交往，你覺得你要怎
麼辦？」

他說：「我覺得，這種事情還是靠緣分的。」

Ｘ！**你單身一輩子啦！！**

 # 有些事情真的是活該啦！

想怎麼收穫要先知道怎麼栽好嗎？

癌症　癌症是一種很嚴重的疾病，
聽到醫生講出這個事實的時候，相信沒有人能笑得出來。

但是癌症產生的原因，
通常是長時間持續做了很多對不起身體的事，
不管是壓力、飲食、生活習慣、工作、熬夜……

其實，是自己擴散了癌細胞。

一段朋友關係變得不愉快、不相認、仇視、反目了，是友情的癌症。
逃家、厭惡、不和諧、不溝通，是親情的癌症。
欺瞞、暴力、離婚了、分手了，這是一段感情的癌症。
不相信自己、放棄自己、看不起自己、什麼都不做的自己，
對我來說這是自己造成的癌症。

我們都知道有很多事情做了對自己不好，
但我們依然故我地持續下去，
接下來變成了癌症，然後卻束手無策。

你呢？
你自己怎麼想？

給我捲起袖子去處理快變成癌症的人事物
永遠不要放棄治療

人一生中最大的懲罰就是叫後悔。

傻瓜　有次和朋友聊到「勇敢」這個話題，
她說她覺得自己是一個很不勇敢的人（我很客套地安慰她一下），
然後她很認真看著我說：「阿吉你真的是一個蠻勇敢的人。」

正覺得不太好意思的時候，
她又補了一句：**「就像是一個傻瓜一樣。」**

我直接就賞了她幾句國罵哈哈哈哈哈哈哈哈哈哈哈。

她告訴我塔羅牌中有一張「奧修卡」也可以稱做「傻瓜卡」，
要我回去用網路搜尋看看。

（以下轉載自網路）
傻瓜是一個繼續信任的人，傻瓜是一個違反他所有的經驗而持續信任的人。

你欺騙他，他也會信任你；你再度欺騙他，他還是信任你，然後你就說他是一個傻瓜，他是學不會的。他的信任是無與倫比的，他的信任非常純真，沒有人能夠腐化它。

就道家或禪宗而言，要成為一個傻瓜，就不要試圖在你的周圍創造出一道知識的牆。不論什麼經驗來到你身上，要讓它發生，然後繼續將它拋掉。
繼續清理你的頭腦，繼續拋掉過去，好讓你能夠停留在此時此地，就好像你是剛生下來一般，只是一個嬰孩。

在剛開始的時候，它將會非常困難，別人會開始佔你便宜，你就讓他們，他們是可憐的人。即使你被欺騙或是被強奪，也讓它發生，因為那些真正屬於你的東西，是無法從你身上被搶走的。

那個真正屬於你的東西,別人是偷不走的。

不要讓每一次的不同情況來腐化你。
那個機會將會變成你內在的一個整合,
你的靈魂將會變得更結晶起來。

 # 我也許是個傻瓜,但我真的很勇敢

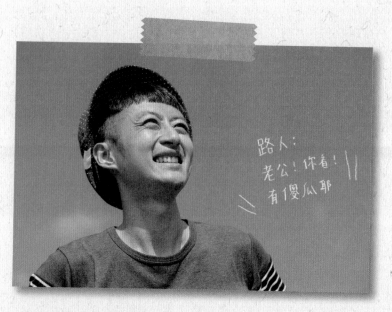

看看身邊那些像傻瓜的人,
其實才是真正打從心底開心的人。

煙火　　我覺得，「煙火」是人的一生最好的詮釋。

首先要找一些原料，再調和成發射的材料。
接著，在最好的時機點燃引信準備發射，
在夜空中光彩奪目地閃耀，
然後，結束。

在煙火綻放的那瞬間，
你不知道能有多少人看見你的光芒，
你不會記得一生中到底遇見了多少人。

但你曉得，
有些人是你的原料，有些人當你的引信，
有些人和你一起升空閃耀。

人生就像煙火一樣，
縱然一眼即逝，
也會讓某些人深深地記憶在腦海裡。

＃我是張吉吟

很喜歡巨星張國榮先生的一句歌詞：

我就是我，

是顏色不一樣的煙火。

Chapter ——

人在囧途

一個人　　一個人不難啊，
自己一個人騎車搭車上班。
自己一個人吃飯買飲料逛街。
自己一個人慢跑讀小說看電影。
自己一個人聽音樂溜狗發呆。

其實不難啊。

只是分成
平常會做的事的一個人。
跟平常不會做的事的一個人。

沒事我自己不會一個人自己開車到宜蘭，
沒事我自己不會一個人自己衝浪，
沒事我自己不會一個人自己漂浮在海面上，
沒事我自己不會一個人自己躺在沙灘上，
沒事我自己不會一個人自己泡著裸湯，
沒事我自己不會一個人自己到南方澳，
沒事我自己不會一個人自己開著夜車，
沒事我自己不會一個人自己過生日，
沒事我自己不會一個人和自己過聖誕節，
沒事我自己不會一個人和自己跨年，

有些事情真的要自己一個人做過以後，
才知道自己原來做得到。
而且其實不孤單，反而很放鬆很輕鬆。

從小到大，我們都努力學習和別人培養良好的人際關係，
但卻沒學習和自己相處，然後慢慢聽不見自己內心的聲音，
結果就孤獨了。

 # 我就很會和自己相處哈哈哈哈哈哈哈哈哈哈哈

其實一個人不難，
難的是自己不願和自己相處。

大便　小學一年級的時候，有位同學在早上第一節課時突然舉起手，
老師問他：「怎麼了？」
他説：「老師，我要大便」
那時候全班哄堂大笑，他看著大家説：「你們，不會大便嗎？」
然後就拿著衛生紙很帥氣地走去廁所。

沒想到多年後，這一幕，我還點滴在心頭……
因為它已經成為我心中一個具指標性的大便事件。

我很喜歡大便，超級喜歡！
到外地的時候，我一定都會先去廁所解放一坨屎，
然後得意洋洋地覺得自己留下了標記。

當然，喜歡大便絕對不僅僅是那麼單純幼稚的理由，
還有另外一個原因。
就是我長這麼大……
從來沒有一次……

和別人一起大便過。

所以我知道那是屬於我自己的時間。

大便的時候可以看書、玩手機、看報紙、看漫畫、剪指甲、挖一下鼻
孔、敷一下臉、洗個澡、講一下電話，目測一下昨天的食物……
總之，我最喜歡享受那一個人的時候。

可以寧靜地理性地全面地安靜地思考自己想思考的事情，
可以想起很久沒有回憶的畫面，
也可以激發一堆有的沒有的靈感。

 # 大便只是一個媒介

多花一些時間和自己相處，
不論在哪。

時間　台灣人的平均餘命約為 80 歲，
（不要問為什麼哥知道，因為林盃學保險的）

也就是説 80 年 X 356 天＝每個人平均有 29200 天的時間，
每天睡覺 8 小時就先花掉 1/3 的時間，也就是 9733 天，大約 27 年。
每天平均工時 8 小時又花掉 1/3 的時間，一樣是 9733 天，大約 27 年。
我們的時間只剩下 9734 天也就是剩 27 年左右。
扣掉小時候我們比較不能自主的 10 年，
再扣掉老了之後比較不能自主的 10 年，我們大約只剩下了 7 年了。

在這 7 年當中，
我們要搭車、開車、騎車、要加班、要做家事、要看電視、要看韓劇、
要和隔壁鄰居聊天、女人要化妝、男人要打電動、要聊八卦、要保持
身材、要健身、要陪寵物、要和家人團聚、要旅行、要陪朋友嘴砲、
要半夜看謎片促進身體機能健康，偶爾還要颱風天在墾丁講錯話被剪
接⋯⋯

其實這 7 年 X 365 天再 X 24 小時，還有 61320 小時。
這樣算起來，感覺 7 年好像還是很多時間吧？
但你有沒有發現，那是「台灣人的平均餘命為 80 歲」，
可是事實上，不是每一個人都可以活到 80 歲的。

那我們每個人的時間到底有幾天？
其實就是
「昨天、今天、明天」。

 # 你呢？

很多人總是會問為什麼我總能維持正面狀態？
我只想說，就因為知道人生的時間不是很多，
所以才沒時間浪費在那些負面情緒上。

大雨　現在是 20150828，下午 3 點 07 分，
外面正下著滂沱大雨。

腦海裡突然浮現小時候的畫面。

小時候每當下大雨，
我和我哥不會吵著好無聊，而是馬上去搶紙開始折艘紙船，
還會給這艘船畫上圖案再取個名字。
接著我們兩個人撐著破破的雨傘跑去水溝邊，
小心翼翼地把紙船放下去，
看著紙船在水溝裡漂著，大呼著自己的船好強好厲害。

現在的我點開網路，很多人正發著狀態說：
「靠！下大雨了！」
「下大雨了不知道要幹嘛……」
「下大雨了，搞屁啊！」
「這雨……」

看到這些抱怨的狀態，
我不禁回想，那個在大雨天折紙船、蹲在水溝邊看小船航行的我們，
當時這種單純的樂趣，其實挺幸福的。

長大以後，我們多了很多無謂的煩惱，
但是明明小時候用「單純」就能輕鬆擊敗它了啊。

以前我的船都叫大吉號

你能找到理由難過，一定也找得到理由快樂。

生氣　小時候生氣時我會捶牆壁，
但是捶過一次之後發現很痛，我就改成捶棉被。

長大了一點，生氣時會故意不吃飯來吸引別人注意，
但是其實我爹娘根本不理我。

現在的我如果生氣就會走來走去，
然後去跟哇沙米玩牠最不喜歡的握手遊戲。

有時候生氣是對於事件感到悲憤不平，
有時候是重要的人受到委屈而感到情緒高漲，
有時候是自己受到不應該受的遭遇而生氣。

但其實現在我超級少生氣的，
不是因為不想把時間浪費在消化這些負面情緒上，

而是你仔細想想，

當你生氣的時候，
惹你生氣的人或事件，**他們其實根本不知道你在生氣啊啊啊啊啊啊！**
那你幹嘛自己弄自己啊？

 # 如果是自己氣自己當然另當別論啦哈哈哈哈哈

生氣真的是拿別人的錯來懲罰自己。

吵架　記得有天晚上我和爹娘在客廳，
爹一如往常地看著報紙。

我忘記是什麼原因（但真的是我娘很煩很莫名很奇怪就對了），
我和娘在客廳大吵了一番，
最後，娘還很生氣地走上三樓，甩門進去房間。

爹一如往常地看著報紙。

那時候的我宇宙無敵超級生氣的，
我拿著遙控器胡亂轉著電視，
對著不動如山的我爹說：
「我覺得你很屌！你怎麼有辦法跟這個女人相處 20 幾年啊！

爹沒有回應，
過了三分鐘，他看著報紙說：

「你只要看看她的好，不要看她的壞。」

嗯。氣都消了

注視的方向不一樣，結果一定也不同。

難過的時候 小時候肚子餓的時候難過得嚎啕大哭，
得不到長輩疼愛的時候覺得悶，
盡心盡力做事情卻不盡如意的時候覺得嘔，
被責罵的時候心裡委屈，
工作不順利的時候覺得無力，
被冤枉的時候覺得無助，
喜歡的人不喜歡你的時候覺得孤單，
分手的心痛實在只能默默流下眼淚。

有些難過，會持續很久，
有些難過，睡醒就忘，
有些難過，男女朋友哄一下就好，
有些難過，一輩子都會突然被勾起。

難過的時候，
我會流眼淚，
我會打給我最信任的朋友，
我會做我喜歡做的事情，我也會什麼都不做。

我知道難過是一種情緒，
它沒有不好，只是我們大部分的人不喜歡。

\# 面對它、接受它、處理它
\# 今天是 2015.07.31

其實我現在蠻難過的，只不過我知道
就算再難過，我也要擁抱這個情緒。
因為它是我生命中的一部分。
它沒有不好，它使我像是一個人。

中心　　有沒有聽過長輩說「你不可以學抽煙」，
　　　　可是他們自己在抽煙。

　　　　有些人說「不可以闖紅燈，要遵守交通規則」，
　　　　自己倒是超速在路邊被開罰單。

　　　　和男女朋友交往的時候，
　　　　規定對方出門一定要報備，
　　　　自己卻隨心所欲地和別人出門。

　　　　人就是一種很奇怪的生物，
　　　　別人做的都不行，
　　　　自己做的都可以。

 # 自己成為自己的中心很容易，成為別人的中心很不容易

很喜歡這段用來警惕自己的話：
不要只看到別人外在的汙點，
卻看不到自己內心的垃圾。

習慣　「牛牽到北京還是牛。」
　　　　這句話大家應該耳熟能詳。

　　　　要一個工作 30 年的人突然換工作方式是不容易的。
　　　　要一個活了 30 年沒用過手機的人突然用手機也是不容易的。
　　　　要一個吃葷 30 年的人突然改成吃素也是不容易的。
　　　　要一個開了 30 年車子的人突然改成搭大眾交通運輸工具也是不容
　　　　易的。

　　　　每個人都有每個人不容易改變的習慣，
　　　　不過這些習慣是打從娘胎就有的嗎？
　　　　當然也是培養出來的，
　　　　所以不能被改變嗎？

　　　　我不喜歡看到有些人有壞習慣，然後還大聲嚷嚷：
　　　　反正我就習慣這樣、
　　　　阿我從小到大就這樣、
　　　　阿這個沒辦法改啦之類的。

　　　　整個很想從頭給他巴下去……

習慣要由習慣來取代

習慣不是最好的僕人，便是最壞的主人。

——愛默生

長相　鏡子裡的長相百百款。

有的臉有點圓，有的非常圓。
有的眼睛非常大，有的還有點脫窗。
有的鼻子挺到爆，有的朝天了。
有的嘴唇性感，有的像臘腸。
有的髮際線有美人尖，有的需要落建。

外表的長相是人與人**第一次見面**的重要關鍵，

但，

內在的長相是人與人往後**繼續見面**的重要關鍵。

 # 心美人就美

我們沒辦法改變爸爸媽媽給的長相，
可是我們可以改變我們內在的長相。

勇敢　她居然告白了太誇張！
他居然敢直接跟老闆提出他的意見太強了！
她居然敢高空彈跳噢天啊！
他居然就這樣離職然後自己創業了！
她居然就這樣飛到國外求學打工了！
她居然就這樣牽起她的手了！

身邊總是有一些人的行為充滿勇氣，
在我們心目中就像英雄一般。

只是，

他們和你一樣，都是平常人，
他們做到了，

那你呢？

 # 你不用一直勇敢，只需要在對的時間勇敢一下下就好。

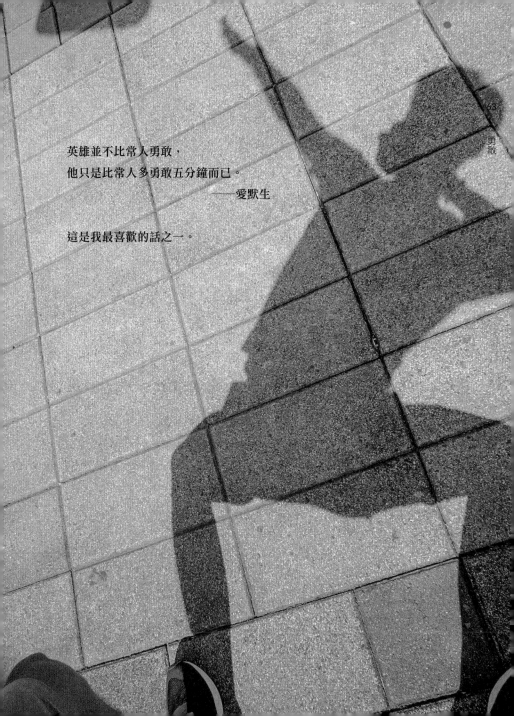

英雄並不比常人勇敢，
他只是比常人多勇敢五分鐘而已。

　　　　　　　　——愛默生

這是我最喜歡的話之一。

哭　我很會哭，我超會哭的。
　　（我活脫脫就是個淚人兒）

　　被老師打的時候會哭，
　　跟家人爭辯覺得委屈的時候會哭，
　　跟朋友吵架很激動的時候會哭，
　　分手的時候哭得更誇張，
　　看電視看電影我也哭，
　　看海賊王灌籃高手我也會哭。

　　夜深人靜，一個人的時候，想到某些片段，我也會哭。

　　我們每個人都曾經因開心而哭、因感動而哭、因憤怒而哭、因絕望而哭、
　　因悲傷而哭、因無辜而哭，因各種想哭而哭。

　　但是，哭沒有問題，
　　重點是哭完之後，你有什麼樣的體會。

　　# 敢笑敢罵不足為奇，敢哭才是真性情
　　# 想哭的時候盡量哭，哭完才能笑得更大聲

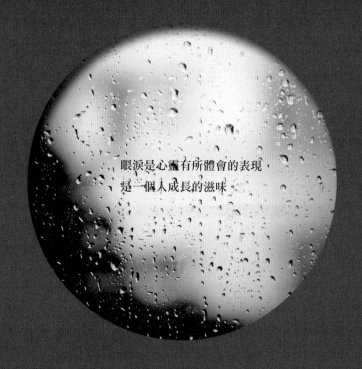

眼淚是心靈有所體會的表現，
是一個人成長的滋味。

應該　媽媽照顧你是應該的，所以你不太記得。
老師指導你是應該的，所以你不太記得。
朋友對你好是應該的，所以你不太記得。
女朋友包容你是應該的，所以你不太記得。
店員服務你是應該的，所以你不太記得。

不過只要媽媽老師朋友女朋友店員對你有一點點的不應該，
有沒有覺得記憶就特 別 深 刻。

人對於好事的記憶，總是像金魚一樣只有三秒。
對於不好的事的記憶，卻像身體上的刺青，一輩子存在。

於是，你那麼不快樂。

 # 好了啦不要再庸人自擾

沒有誰本來就應該，
是自己選擇了記憶那些不應該。

欄杆　街道上的房子，
　　　　五樓窗戶有欄杆圍著，
　　　　四樓窗戶也有欄杆圍著，
　　　　三樓窗戶也有欄杆圍著，
　　　　二樓窗戶也有欄杆圍著，
　　　　一樓窗戶也有欄杆圍著。

　　　　被爸媽罵了，自己的欄杆圍了一點起來，
　　　　被朋友衝康了，自己的欄杆又圍了一點起來，
　　　　被劈腿了，自己的欄杆又圍了一點起來，
　　　　被公司的人弄了，欄杆又圍了一點起來。

　　　　不合意的生活，日復一日地過，
　　　　所以心裡的欄杆逐漸地越圍越高。

　　　　然後圍得太高，自己都忘了留一個出口，

　　　　忘了怎麼與人相處。

　　　　#蛤？你有事嗎？自己的欄杆自己拆啊！
　　　　以為別人會派拆除大隊來幫你拆喔？

欄杆圍住的一直不是別人，
而是自己。

窗外　（看著窗外發呆）

有新房子好棒棒喔。
有新車子好不賴喔。
剛經過的妹好正喔。
那隻狗狗好可愛喔。
他穿的衣服好帥喔。
大台的冷氣好涼喔。
限量的球鞋好酷喔。

（回頭看看窗內）

其實我家也很棒，
其實我家的車子很舒服，
其實我媽挺正的，
其實我家哇沙米比較可愛，
其實我的衣服也很好看，
其實我家冷氣也冷到靠北，
其實我又沒在打球幹嘛要球鞋。

願意看看自己的話，
其實會發現自己擁有的比想像中多很多很多。

 # 就算全身脫光了我還有擁有我自己

知足。

指甲　剛剛看到手指甲又長了，
第一個反應是「喔…好麻煩喔，又要剪了。」
這個身體構造沒有什麼用卻還要處理他，真是麻煩……
後來右邊鼻孔有點癢，想挖一挖鼻屎，
沒有了指甲，有夠難挖，我忽然覺得指甲好有用！！
（媽的指甲的功用是保護手指啦！）

又剛好有隻小蟲好死不死往左邊鼻孔衝，
還好剛剛挖的是右邊，左邊的鼻屎奮不顧身地把蟲子擋下了，
這時候發現鼻屎真的不只是鼻屎，
還是個設身處地為我著想的鼻屎。

再看看身邊好多物品，看起來都沒什麼用，
可是關鍵時刻真的都能派上用場。

再看看身邊的人，
有的人是老師，有的人是工程師，有的人是房仲，有的人是軍人，
有的人是粗工，有的人是電銷人員，有人是服務生，有的人到現在
還是學生，有的人還在待業。

每個人都各自在不同的領域扮演著不同的角色。

所以，不要覺得自己不重要、沒存在感、沒貢獻 blah blah blah ......
每一個人不論高矮胖瘦、年紀大小、長相美醜、個性如何，
世界上都**只有一個你，**
獨特的你。

#我叫張吉吟，我可以改變一點點台灣的世界

要相信古老的諺語：天生我材必有用。

Chapter ————

熊麻吉

分享　我們很會分享。

將自己的照片上傳到網路上給大家欣賞。
將自己的生活點滴讓朋友知道。
將自己的零用錢捐給需要幫助的人。
將自己的體力精神奉獻給喜歡的工作。
將自己的時間撥一點給自己的興趣。

我覺得很多分享都是很棒的。

只不過回到家裡的時候，才突然發現，
不管是時間、體力、精神、生活點滴、自拍照⋯⋯
我們卻很少分享給最親近的家人。

他們是表面上說沒關係，心裡面最在意我們的人。

分享給對的人

與你分享的快樂～

學會分享自己給最重要的人，
是給他們的禮物。

爹文 我的爹，他的行為舉止就像是教科書上面的「父親」那個名詞一樣。
從小我對他的印象就是嚴肅、寡言，不說話，只做事。不能惹他，看
到他一定要叫聲爸。

騎著野狼125，每天坐在沙發上看著報紙。
當我問他不懂的數學題，他會敲我的頭說這題這麼簡單你也不會。
當我被公雞咬到大哭，然後待會兒就看到牠在午餐的餐桌上。
任何壞掉的東西交給他，他就會變成好的給你。
有時候早上會突然偷塞50元給我，讓我買零食。（為什麼要提這件
事？因為他自己也是領零用錢的啊！！！）
總之，在我小時候的記憶中，他總板著一張臉，總是默默地做他覺得
應該要做的事。

記得在我大三的時候，有一天已經晚上八點多，我在客廳看第一神
拳，而他一如往常下班，回家。
我記得那天他渾身汗臭味，
打開家門見到我的第一句話是：你吃了沒？
我說還沒啊。他就轉身出門幫我買了陽春麵回來，然後自己煮泡麵
吃。
那個畫面讓我很震撼，
因為長這麼大，我其實沒有認真地關心過他。而他呢？

有次我聽見大人們在吵有關於責任歸屬的問題時，
大家七嘴八舌每個人都覺得自己說的有理，
那時候我爹只霸氣地說：
有些事情沒有為什麼，做就對了。
這句話就像火山爆發般的震撼了我的小宇宙！

我家不有錢，我家都是做工的。
都是靠我爹娘他們倆老一點一滴省出來的。
雖然不富裕，但我知道我出生在一個美滿的家庭，

我很知足。

我知道可能有很多人的家庭並不是這麼美好順遂，
就曾經有朋友說過：「那也剛好是你家能給你這樣的環境。」
我想他是對的，但是我想要告訴他：
如果你的視線放在其實很美滿很幸福，那你看見的就會是幸福美滿。
如果你的視線放在其實很差勁為什麼我那麼衰，那你看見的就會是那些。
因為家家本來就都有難念的經，只是看你用什麼樣的視線想法去看而已。
如果真的沒辦法轉念，
那不如記下你所不喜歡家庭的那些模樣，
以後盡力地成就你理想中家庭的模樣吧！

＃ 現在放下手上的書立刻去親親他抱抱他和他聊聊天說說話吧

人生最不能等的就是

孝順

娘文　我媽喔，就跟大家的媽媽差不多啊！

你看過機關槍嗎，而且是不用裝子彈、無限連發的那種？

我媽的嘴巴好像永遠都不會停，

可以一直對我念念念講講講，當然對其他歐巴桑也可以這樣。

情緒可以本來好好的又突然爆炸，

很難預測下一秒會是什麼模樣的媽媽啊！

不過，她也是一個……

每次看見蟑螂，我閃躲都來不及了，她卻可以用衛生紙直接捏爆牠的女人。

每次房間亂到一個爆炸，她看不下去一直念念念，結果房間就會被她整理好的女人。

每次看到報紙、手機上有泛舟哥的報導，她都説這是什麼東西啊？可是又默默把報紙收藏起來的女人。

每次問要不要吃水果，跟她說不要了，水果還是會出現在你桌上的女人。

每次假日看到她，不是在擦地板洗窗戶，就是洗廁所整理家裡的女人。

每天我早上 7 點要趕著上班，出門前看到餐桌已經準備好早餐的女人。

每天晚上 5、6 點回家，第一件事情不是洗澡而是去廚房煮飯的女人。

她是不論發生什麼事情，都把我捧在手上的一個女人。

 # 舟媽說過：沒辦法，你是我的心頭肉啊！

 # 娘我愛你這句，你要不要也去說一下

妳也是我的心頭肉

朋友　有一種朋友，你在嘴砲的時候他媽的比你還嘴砲。
有一種朋友，你喝醉的時候他會拿漏斗繼續灌你酒。
有一種朋友，當你在人生低谷的時候還狠狠踹你一腳。
有一種朋友，你們其實就只是簡單朋友。

也有一種朋友，
在你難過的時候，他會比你還難過，
在你歡樂的時候，他會和你一起歡樂。
也有一種朋友，
在你有任何想法的時候，他會無條件地支持你，
就算好久不見，你也知道當你需要人陪，他就會在你身邊。
也有一種朋友，
你委屈的時候，他會為你生氣，
你成功的時候，他比你更開心。
也有一種朋友，
你們不是這麼簡單的朋友。

至於人生中有很多過客這種話就不用說了，
因為，**到底是誰把誰當成過客的呢？**

還有，你有沒有發現，
你用什麼樣的方式去和你的朋友交往，
你的朋友對你大概就會是什麼樣子。

你的「一種朋友」是什麼樣的朋友呢？

 # 還不趕快拿電話起來打給朋友

財富並非永遠的朋友，
但朋友卻是永遠的財富。

解釋　在路上看見這台車開在我前面，
我真的笑到快崩潰！

可是，我覺得他的行為真的很棒很厲害。

其實車主可以什麼事都不用做，
只是可能容易被臨檢或被檢舉。

但 他 願 意 解 釋。

有些人不太解釋，
但是當發生因自己沒解釋而造成的誤解時，
卻又遲遲不能釋懷而感到不開心。

如果你是這種人，
那你就學圖片上的車主一樣。

好 好 解 釋。

要嘛你就跟哥一樣有很強的心臟，不怕別人說，你就
不用解釋

有些話你不說，別人真的不知道。

以為　認識這麼久了，以為他會知道。
　　　　一起共事這麼久了，以為她會懂。
　　　　以前都這樣，以為這次事情也會這樣。
　　　　最了解自己，以為自己可以的。

　　　　我覺得「以為」這兩個字真的是最容易殘害人際關係，
　　　　也最容易傷害自己的兩個字。
　　　　我也曾經因為這兩個字讓自己或身邊的人受傷、難過、委屈、誤會
　　　　了好多次。

　　　　如果我不說，那他們真的不會知道。
　　　　但是如果我說了，會不會造成更大的傷害？

　　　　海綿寶寶說：「我寧可當笨蛋，也不要失去朋友。」
　　　　舟哥說：「我寧可真相大白，也不要有了遺憾。」

　　　　# 要不要把話說出口，是一種選擇，
　　　　但是你還可以做另一種選擇：用對的方式把話說出口。

沒有誰應該了解誰，
就算是最親密的關係也一樣。

以
為

朋友真心利益　有個朋友告訴我，
他很煩惱身邊的朋友是真心相待，還是為了利益才靠近他，
他不曉得要不要繼續這段友情，覺得不想交朋友了。

其實，我覺得交朋友就像是「吃飯」。
嗯，沒錯，就是吃飯！
你吃飯會不會吃到好吃或不好吃的？會啊！！
會不會因為很好吃，就永遠只吃那一種飯？
會不會因為吃到不好吃的，就永遠不吃飯了？

當你結交朋友的時候，
會遇到真心對你的，當然也可能遇到為了利益而往來的，
你可以信誓旦旦地說：反正，我不需要朋友。

但是，當你在想「朋友是真心對我還是為了利益的時候」，
其實你的心事就已經洩了底。

你是需要朋友的。

 # 說不定你會遇到那種百吃不膩的飯呢！

 # 不然吃麵也可以啊！

如果真的花了錢吃了不好吃的飯，
那換下一家就好。

很挺你　　有沒有一些朋友很挺你？
　　　　　在你遇到挫折的時候，不問任何一句話，
　　　　　就是站在你這邊。

　　　　　有沒有一些朋友很挺你？
　　　　　在你難過的時候，等你擦乾眼淚擤完鼻涕，
　　　　　就是站在你這邊。

　　　　　有沒有一些朋友很挺你？
　　　　　你在跟他抱怨的時候，聽你哀怨哭訴完，
　　　　　就是站在你這邊。

　　　　　有沒有一些朋友很挺你？
　　　　　不管三七二十一還是八三二十四，
　　　　　就是很挺你。

　　　　　我相信有。

　　　　　不過，我個人比較喜歡**不挺我**的朋友。

　　　　　因為他們總是在我哭完、抱怨完我的故事之後，
　　　　　一針見血、公平公正又中肯地說出他的意見評論。
　　　　　不一味地為了支持而支持我，為了反對而反對我。
　　　　　不怕破壞關係，是真正對我好的朋友。

　　　　　我喜歡這種朋友。

　　　　　# 你要是真心的喜歡這個朋友，就不要害怕讓他受傷

真正的朋友應該說真話，
不管那些話多麼尖銳。
——俄國劇作家奧斯特洛夫斯基

感情的樣子　「為什麼妳都不替我多想想？」
　　　　　　　「如果是你，你會這樣做嗎？」
　　　　　　　「我都已經為你做這麼多了，還不夠嗎？」
　　　　　　　「你看別人的感情都那樣子！」
　　　　　　　「我覺得你應該多為我做一點！」

我覺得、你應該、你必須、如果你 blah blah blah……
嗯，當然。
我自己也曾經對另外一半這麼說過、這麼感覺過。

那時候我的另外一半正在說著上面的問題。

我問她：「妳叫什麼名字？」
她：「問這個幹嘛？」
我：「妳說就對了。」
她：「某某某（保護當事人）」
我又問她那我叫什麼名字，她說：「張吉吟。」

我問：「妳叫什麼名字？」
她：「某某某。」
「那我叫什麼名字？」
「張吉吟。」

我問：「妳叫什麼名字？」
她：「某某某。」
「那我叫什麼名字？」
「張吉吟。」

我說：「那最後一次，妳叫什麼名字？」
她：「某某某。」
「那我叫什麼？」

「張吉吟。」

「那你知道『張吉吟』永遠不會變成『某某某』，『某某某』永遠不會變成『張吉吟』嗎？」

有沒有發現一開始我們愛上的是另外一半**原本的模樣，**
現在，我們卻要他變成自己想要的樣子，

會不會有點不公平？

想跟未來的另外一半說：
只要不要變太胖我都還是會一直愛著你 哈哈哈哈哈哈哈

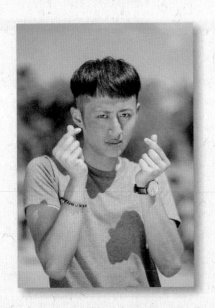

愛一個人，
不是要將他變成你想要的樣子。

罩門　每個人都有每個人的罩門。

有人是親情。

有人是朋友。

有人是金錢。

有人是朋友。（對，我知道講過了，但我就是要再講一次！！）

那我的罩門呢？

哈哈哈哈哈哈阿哈哈哈哈哈哈哈哈哈哈哈哈哈哈哈哈

絕對是在感情這方面。

我承認我在感情中的角色真的就像是公主與僕人，

沒錯，我是僕人，不是騎士也不是公主。

只要是交往比較久的感情都是這個狀況。

（那比較不久的呢？ 阿呃……我們如果有第二本書再討論）

雖然我處理自己大部分的事情都蠻理性、頭腦蠻清楚，

幾乎不會讓任何人擔心。

只是面對感情這罩門，

我曾經在床上在馬路上在阿嬤家在電話裡頭在公園內哭得死去活來，

也曾經什麼都不做，只想一個人躲在房間躲在家躲在一個沒有人的地方，獨自後悔抱怨老天沒眼，

更曾經想放縱自己每天喝酒玩交友 APP 跑去夜店跟別人搞曖昧，來化解空虛的感覺。

你説有用嗎？
用來度過最痛苦的那段時光是有用的，
但是內心深處還是空空地痛了。

直到事過境遷，看看以前的自己，
才會發現，救贖自己最有用的方式就是
真心地祝福她幸福快樂。

唯有如此，
自己也才能夠真的繼續幸福快樂。

 # 放不下的一直不是那段感情本身，而是自己的心啊！

葡萄熟了，才能釀酒；
心成熟了，才懂得愛。
—— 林志炫〈熟情歌〉

老師　國小的老師
　　　　我不記得了，連有幾個老師我都忘記了……

　　　　國中的老師
　　　　嗯～～～～～～ 很硬的老師。

　　　　高中的老師
　　　　是一個很有愛心、很愛哭、很呵護我們，
　　　　連隔壁班都愛她的一個老師。

　　　　大學的老師
　　　　雖然是最近的記憶，
　　　　但是對不起，我真的沒有印象。
　　　　（當時滿腦子在想「不要當我不要當我不要當我」）

　　　　其實，我印象最深刻的是我的幼稚園老師。

　　　　還記得有次在上課的時候，
　　　　好屎不屎，真的拉了坨屎在褲子上。
　　　　那新鮮的味道很快地瀰漫整間教室，傳到了老師鼻子裡。
　　　　老師問：誰偷偷大便在褲子上，快點承認喔！
　　　　當時大家一直笑，一直問誰啊是誰啊？
　　　　可是都沒人承認。（靠北就是我啊！其他人是要怎麼承認！）
　　　　老師說：那我要一個一個下去檢查屁股了！（開始檢查）
　　　　那時候用「腋下出汗」都無法形容我的緊張，
　　　　可能都要腋下出血了！！

大學老師

該來的總是會來的，終於，老師檢查到我了……
結果，老師檢查完並沒有説什麼，繼續檢查下一個人的屁股。

後來老師讓大家繼續自己玩遊戲，
然後默默地帶我去廁所洗屁股、換上乾淨的褲子，
一句話也沒説也沒有責怪我。

當時我只覺得好險好險，
長大以後，
才知道當初老師的用心與貼心。

老師謝謝妳（雖然忘記了妳的名字）

不要覺得你過去和現在所付出的貢獻不算什麼，
説不定就這樣影響了另外一個人一輩子。

莫名的堅持　　我不喜歡説對不起。

我都説：
不好意思
抱歉
SORRY
搜裡
好啦我的錯
別生氣啦
賣休器啦
我道歉咩
拍謝啦
啾咪

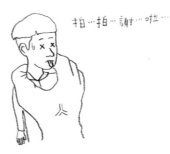

拍…拍…謝…啦…

有時候有的人會開玩笑説：幹！你給我説對不起喔！！
我就會説我不要。

他就會再説：幹！你給我説喔！！

我一樣會説：
我、不、要。

因為「對不起」對我來說很重要，
如果常常把這句話掛在嘴邊，
有天發生了嚴重的事情，
那我的對不起就沒有價值了。

 # 就像我愛你這句話也很難從我嘴裡說出口

無論如何，我不會把我在意的，
變成廉價的。

路燈　從有記憶以來，
路燈上面總會貼著很多標語或廣告。
神愛世人
耶穌愛你
搬家清潔
清化糞池
抓猴
其他的，還會有一些告白或我討厭你的塗鴉。

你會對它印象深刻嗎？
其實不會。

只是偶爾當路燈故障了，才會有些慌張地發現它的重要性。

在我們的身邊，其實有好多人事物就像路燈一樣，
總會在黃昏將盡黑夜來臨的時候，
一句話也不張揚地、默默地亮起來。
但是因為太稀鬆平常了，所以**沒有人會記得它。**

花點時間想想，
誰是你週遭的路燈？

 # 感恩生活中大大小小的一切

學會感恩和欣賞，
相信我，你的嘴角會不自覺地往上揚。

Chapter ————

進擊的巨人

幻覺　我覺得我很像麥可喬丹，所以打球的時候，我都會把舌頭伸出來。
　　　　我覺得我很像劉德華，所以我逼同學都要叫我 ANDY。
　　　　我覺得我長得很帥穿衣服很好看，所以大家都在注視著我。
　　　　我覺得我唱歌很好聽，所以自稱「好樂迪劉德華」、「錢櫃陳奕迅」。
　　　　我覺得我本身行為非常良好，足以稱為「龜山十大優良青年」。

　　　　每回朋友們一聽到我這樣說，
　　　　總會先來一段他們各自擅長的國罵 RAP
　　　　然後說：你幻覺喔！

　　　　好啦，真的是幻覺，
　　　　不過！！

　　　　我 沒 空 去 幻 覺 煩 憂，
　　　　所 以 我 把 幻 覺 拿 去 **快 樂**。

　　　　# 而且我很會找

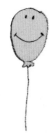

快樂是自找的

未來　【工作】
小學的時候説我要當體育老師。
國中的時候説我要打 NBA。
高中的時候説我要成為偶像明星。
大學的時候説我要開一家店。

【感情】
小學的時候沒女朋友不知道。
國中的時候説我只愛妳一個。
高中的時候對另外一個説我只愛妳一個。
大學的時候又再對另外一個説我只愛妳一個。

結果現在──

工作不是以前所想的，
感情也不是以前所想的。

要因為這樣就難過後悔唉聲嘆氣嗎？

未來或許沒辦法掌握，
不過，
我很喜歡現在的模樣。

 # 我也不知道現在會變成泛舟哥

我不看自己沒有的，我只看自己擁有的。

傷 吃了一家超級難吃的餐廳，覺得很幹，
這學期被當了有夠生氣，
被另外一半劈腿分手了超難過，
闖紅燈被警察抓了超級嘔，
出了車禍真的無敵驚恐。

只不過想想，
至少下次不會再吃到那家地雷餐廳了，
這學期被當了才知道自己真的太混，該讀書了，
被劈腿分手也好，至少不是結了婚才被婚變，
被開單，老實說也是自己的不對，有什麼好靠北，
出了車禍，至少知道以後開車該注意哪些地方。

人也是一樣。

愛你的人讓你學會了感動。

你愛的人讓你學會了給予。

你不喜歡的人讓你學會了寬容與接納。

不喜歡你的人讓你學會了自省與成長。

 # 如果沒有一場大雨，怎麼換得一道美麗的彩虹
 # 哭過之後才知道喜悅的模樣
 # 流過淚才懂得幫別人擦眼淚

如果你曾經受過一些傷，
記得看看那些傷。
其實那些人事物都教會了我們好多好多。

遊戲　阿吉你覺得我這個狀況接下來怎麼做？
　　　　舟哥，我好難過，我失戀了，我該怎麼辦？
　　　　張吉吟你幫我想一下這事情要如何辦？
　　　　表哥欸你幫我想一下好不好？
　　　　哥！如果是你的話你會怎麼做啊你覺得？

　　　　通常遇到這種狀況，
　　　　大部分的人都很認真很熱情地給意見或表態，
　　　　但是這個時候的我都會蠻討人厭地説：

　　　　我：欸！你有沒有玩過遊戲？
　　　　他：有啊，怎麼了？
　　　　我：遊戲有些時候輸入密碼就可以提前得到很多寶物或者直接闖關
　　　　成功，你知道嗎？
　　　　他：我知道啊！
　　　　我：或者看別人寫的攻略，然後自己**照著別人的攻略走一次**，你覺
　　　　得這樣遊戲會好玩嗎？
　　　　他：當然不會啊，無聊死了。

　　　　我：嗯，所以你覺得我會給你意見嗎？

**# 其實哀一哀之後，鐵漢柔情的我還是會給他一些意見啦哈
哈哈哈哈哈哈**

如果人生是一場遊戲，你會不會覺得自己玩
最 好 玩 ？

偶像　有沒有曾經因為喜歡明星，
瘋狂地購買他們代言的產品，
覺得跟他們拿一樣喝一樣的東西，就有一種爽爽 der 感覺？

有沒有曾經因為自己太入戲，
不斷地模仿男女主角的言行舉止，
覺得跟他們講一樣的話、做一樣的事，好像自己也成了主角，有一
種爽爽 der 感覺。

有沒有因為實在太崇拜偶像，
覺得跟穿他一樣的衣服、去他的拍攝場地，
就好像自己跟他更靠近了，又有一種爽爽 der 感覺。

相信我，崇拜偶像很正常，因為我也會這樣。

但是想到我曾接觸過的一些人，
他們一心追逐並喜歡偶像的光鮮、進取、敬業、熱情、正向的模樣，
卻在生活中常常抱怨自己的不足。

大部分的人都喜歡看見別人勇於嘗試、突破困境，
然後幻想自己也能那個樣子，並且暗自竊喜。

但終究還是不思改變沒有實際行動，
在舒適圈安全地過著自己的生活。

 # 說不定有天你也會成為別人的偶像

華麗的翻滾吧！
就算翻滾失敗了，至少還曾經華麗過。

先苦後甘　　孟子說：「天將降大任於斯人也，必先苦其心志，勞其筋骨，餓其體膚……」
好啦……這篇沒這麼誇張。

讀書苦嗎？蠻苦的，不過不讀怎麼學會識字啊？
工作苦嗎？蠻苦的，不過不工作怎麼拿到薪水的時候笑咪咪啊？
懷孕苦嗎？超苦的，不過不懷孕怎能體會到孩子出生的那種喜悅？
吵架苦嗎？超苦的，不過不吵架怎能讓感情更加堅固牢靠？
（還有太多例子可以講了，自己去想一下。）

有沒有喝過茶？
好的茶葉泡出來的茶，也是先苦後甘。

人生也是。

那幹嘛不一直甘甘的甜甜的呢？
……
……
你喝看看全糖的珍珠奶茶然後連續喝個 10 杯，
我看你會不會膩膩的啊。

 # 給你天天都甜甜的，我也不信你天天快樂啦

不經一番寒徹骨，焉得梅花撲鼻香。

工作　要做什麼工作啊？

舟哥我，
15 歲的時候，做過日薪 330 元的洗車學徒。
16 歲的時候，在加油站打工，時薪 75 元。
17 歲的時候，寒暑假也繼續在加油站，時薪漲到 80 元。
18 歲的時候，去好幾家餐廳端盤子。
19 歲的時候，在拿坡里打工送披薩。
21 歲的時候，賣過衣服，後來還是跑去加油站打工直到我大學畢業。

出了社會之後，
第一份工作是永慶房屋房仲。
第二份工作是福斯汽車的接待專員。
第三份工作是工廠技術員。
第四份工作是 UNIQLO 夥伴。
第五份工作是大潤發的課長。

現在則是國泰人壽業務員加上泛舟哥。

天啊我做過超多工作，

而且真的被很多長輩或朋友說過：
「你很誇張耶，換過這麼多工作！」
「草莓耶！」
「沒定性耶！」之類的話。

只不過我都笑笑地告訴他們：

「可能花的時間有點久，
至少我找到了我真心喜愛的工作了。
你呢？」

然後他們就嘴巴閉閉了。

知道你在做什麼，接著愛你所做的事，然後相信你所做的事。

 # 偶爾也蠻羨慕一次就找到自己熱愛的工作的人啦哈哈哈哈哈哈

走錯路繞遠路都不要緊，
接著知道往哪走就好了。

可怕 隔壁同學說他沒有看書，
結果考試總是考得很好。
隔壁男生說他衣服都隨便穿，
可是總是名牌而且搭得很好看。
隔壁同事說他是碰運氣，
但每個月的業績總是頂呱呱。
隔壁朋友唱歌他都說隨便哼哼，
結果好聽到讓我起雞皮疙瘩。
隔壁先生說他只是喜歡開車，
結果發現他家放滿了頭文字 D 般的獎牌。

大部分的我們當下都會覺得，
你這個人很假耶，很愛裝耶，狗屎運啦，只是他運氣好啦、他好幸
運喔之類的。
（別告訴我說你內心沒有過一絲絲這種想法，哈哈哈哈）

只不過好好地想一想，他們**背後的付出，**
你哪隻眼睛看到過了？

 # 嘿嘿我背地裡也是很可怕的

人生最可怕的事情，
就是比你優秀的人比你還努力

合理　哥哥姐姐就是要讓弟弟妹妹，這樣才合理啊！
女生玩洋娃娃，男生玩機器人，這樣才合理啊！
學生就是要好好讀書，這樣才合理啊！
男生就是要幹粗活，女生就是要幹細活才合理啊！
偶像明星就是要精通十八般武藝，
又要人帥人美心地善良才合理啊！
年紀到了就是要有個穩定的工作，找個好對象結婚才合理啊！
業務員就是要嘴巴會說話、很外向很開放才合理啊！
菜鳥就是要給老鳥占便宜這樣才合理啊！

還有一大堆「這樣才合理啊！」總是在我們耳邊迴盪著。

大多數人都會這樣合理地以為、合理地思考、合理地做事，
所以，
大多數人都很合理啊，
所以他們的成就也很會在很合理的範圍裡啊。

 # 我就是超級不合理的人啊哈哈哈哈哈哈哈

理性的人，會改變自己去適應這個世界；
不理性的人，會改變這世界來適應自己。
所以這世界的進步、突破與改變，歸功於不理性的人。

———蕭伯納

進步　每個人都想進步，
　　　　不論是哪個方面。

　　　　所以開始設立目標，然後想辦法達成。

　　　　想身體健康，開始每天跑步 20 公里。
　　　　想減肥瘦身，開始每天只吃水果喝開水。
　　　　想學英文，開始每天醒來就上圖書館 K 書 16 個小時。
　　　　想戒菸，隔天就開始完全不碰菸。

　　　　有可能成功嗎？有啊！

　　　　可是這些目標也很容易讓人失敗耶！

　　　　直接每天跑步 20 公里，跟剛開始跑步 1 公里，然後慢慢增加，
　　　　哪一個比較容易達成目標不會放棄？

　　　　要減肥瘦身直接每天只吃水果喝水，跟剛開始把飯量減少，少喝含
　　　　糖飲料再慢慢地改變飲食，哪一個比較容易達成目標不會放棄？

要開始學英文，每天去圖書館 K 書 16 小時，
跟慢慢地把讀書時間多分配一點給英文，哪一個比較容易達成目標？

至於戒菸的例子，我想就不用多説了。

打了長篇大論只是想説，
其實不用一次就想讓自己進步很大很多。

如果熬得住失敗，那就跨大步一點也沒問題

一天進步一點點，
時間久了就可以很不一樣。

開窗　你有沒有聽過一段話：

上帝在你面前關了一扇門，
必定會幫你開另外一扇窗。

我覺得這不是真的。

因為……

要是你不肯動手開，
那一切都是狗屁啊！

 # 簡潔有力

自己的窗戶自己開。

放屁　　你的身邊有沒有出現過當有個人說：「欸…我放屁了…」
　　　　大家嘴巴上會開始靠腰，
　　　　但是很怪的是……
　　　　鼻子卻一直去聞那個屁到底多臭。
　　　　真的聞到味道後會再靠腰一次：幹！！真的好臭啊！！

　　　　自覺人這種生物，
　　　　真的是一種蠻貝戈戈的生物。

　　　　法律就說不要闖紅燈，闖了紅燈被開單又在罵髒話。
　　　　就說早點起來不然會遲到，遲到了又在靠腰路上塞車、公車不等。
　　　　就說談戀愛要專情不要劈腿，
　　　　分手了又在「對不起再給我一次機會」。

　　　　要好好地珍惜現在所有一切，
　　　　因為很多世界上的人事物，

　　　　做錯了就不會有機會再重來一次。

　　　　# 古人云：不到黃河心不死，不見棺材不掉淚

選擇一個不會留下遺憾的選擇。

選擇性　有沒有人在闡述自己的工作的時候，
總是嫌棄、抱怨、批評，
可是看他每天也是一樣正常地上下班，還一做就好幾年。

有沒有人在聊他的夢想的時候，
總是天花亂墜、口沫橫飛、規劃縝密地暢聊，
可是卻每天都在過著一模一樣的生活，沒有變化過。

有沒有人在討論他的另外一半的時候，
總是把他的另外一半罵得亂七八糟、狗血淋頭，說多差就有多差，
可是看他臉書的發文又是和另外一半相親相愛的模樣。

「所以呢？換工作啊？幹嘛不換？為什麼不換？講這麼久了還不
換？」
「所以呢？訂機票了嗎？存錢了嗎？計劃書呢？」
「所以呢？溝通了嗎？她沒優點嘛，吵架啊、分手啊？」

每每遇到這種人，我總是這樣一針見血地問他們，
他們就會諾諾地說出一些他們選擇性沒說出口的話。
「唉唷！現在工作難找嘛！」、「我還沒存夠錢啊！」、「家家有
本難念的經嘛，他（她）平常也對我不錯啦！」

那為什麼一開始要這樣說話呢？
這樣子說話，
容易造成別人對其他人的誤解（你造成的），
也會造成別人對你的誤解（也是你造成的）。

**#我們總是習慣選擇性地把對於自己有優勢的話語講出來，
總是習慣選擇性地隱藏迴避對於自己不利的話。**

有什麼樣的思想，就有什麼樣的行為；
有什麼樣的行為，就有什麼樣的習慣；
有什麼樣的習慣，就有什麼樣的性格；
有什麼樣的性格，就有什麼樣的命運。

——查‧霍爾

照片　我曾經有過一個很不喜歡拍照的女朋友，
和她交往的那一年多，我們都沒有拍什麼照片。
後來我們分開了，
想回想一下過去這一年多的記憶，
媽的，
空白的啊！

於是哥馬上買了人生的第一台相機，
超級常拍照記錄生活，也超級愛自拍。

身邊的朋友都會說：
天啊，你有必要這麼自戀嗎？
（然後我倒數 3、2、1，朋友們還是擺起笑容一起拍啊，這麼假掰）

我就會說：
「我希望以後我老了禿了還是可以有照片告訴子孫說：
『你看！爺爺以前**真的是有頭髮的！！**』」

還不快點記憶你的人生

高進：
讓我考慮一下

回憶往日，從中得樂，等於活了兩次人生。
——馬修爾

給予　開著車，天空開始下著大雨，
路上的摩托車紛紛停下來，
我看見有位母親和她的孩子正拿出一件雨衣，
母親沒有任何猶豫，一把將雨衣套在孩子身上，接著繼續騎車。

這個畫面讓我印象深刻。

其實沒有哪一個人應該要無私地為另一個人付出，
但是這個地球上有很多生物總是會有這樣無條件的給予行為。

如果把心滿意足、內心的富足、真心的快樂、甘之如飴當成是報酬，
那我覺得，
我們的報酬取決於我們所給予的貢獻。

 # 謝謝所有曾經無條件給予的你或妳或牠

上菜！上菜！

懂得給予的人，才懂得什麼是幸福。

幸福　小時候有一隻恐龍玩具，我就可以自言自語玩個好幾個月。

小時候有貼紙蒐集簿，我的灌籃高手小叮噹還有美少女戰士都美美的。

小時候和朋友玩沙子，玩一玩變成玩鬼抓人最後打架還打輸。

小時候有一台腳踏車，覺得美國好像也可以騎得到。

小時候有西瓜吃會一直猛啃，啃到西瓜皮都快被我吃掉。

小時候得到隨身聽的時候，實在無敵高興，但我也只有一捲卡帶。

小時候可以吃一次麥當勞，我願意賣身給帶我去吃麥當勞的人一輩子。

小時候還有好多現在沒有的小時候。

比如說像現在你們正在看我的文章，就是科技進步的最精華的結晶，（不是我的文章是精華，而是網路這種科技）。

比如說晚上按時看什麼是姦情、加厚、來漬惺惺的您、季城者之類的電視劇，比起以前，現在的選擇實在是太多太好了。

比如說手機這個世界上最偉大的發明（自認為），

根本拉近了人與人之間的距離（某些時候）。

有趣的是，

我小時候沒有太多選擇，我感覺到幸福。

現在的小朋友是選擇太多而覺得幸福。

事情總是一體兩面。

有的人說過去簡簡單單的幸福是真幸福,
現在建立在物質上的幸福是假幸福。
但是到底是真幸福還是假幸福其實不重要,
重點是,應該由你決定你現在是不是幸福的。

就像搖滾吉他手山塔那(Carlos Santana)說的:
大多數的人是囚犯,
因為他們總是想著未來或活在過去,
他們的心不在現在,
可是現在卻是一切事情開始的地方。

#一直都是由你決定幸福還是不幸福

你若想得到這世界最好東西,
記得給這世界最好的你。

片尾 · 彩蛋

有幾個編輯問我：
你寫的文章都很特別呢，你平常都看些什麼書呢？

我：我不看書的人啊……

編輯：………

出書啊，

沒想到真的成為了一個事實，

而且還是從一句話開始，

真的是壓根都沒想到會發生自己身上。

就像這本書的封面圖案一樣，

感覺自己最近的遭遇就像是一部電影，

是這麼地突如其來高潮迭起精彩萬分，

從一個講話很直接、行為很讓常人不能理解的大屁孩，

到一個一樣講話很直接、行為一樣讓常人不能理解的大
屁孩，只不過他紅了的一部電影。

寫著這些，回頭看看過去這一小段日子，
真的還是會覺得不可思議。

不過一樣，

我知道，

我的人生只有一次，

那就華麗的翻滾跳躍吧！

──泛舟哥

人生只有一次，華麗的翻滾跳躍吧！

作者——泛舟哥（張吉吟）

美術設計——逗點 Dotted Design

攝影—做牛做馬攝影師 陳宜承（馬修）＋邱冠霖（蠻牛）

二三開影像興業社 林永銘

協力製作— 開箱王網路有限公司

責任編輯——楊淑媚

校對——楊淑媚、朱晏瑭

行銷企劃——塗幸儀

董事長、總經理——趙政岷

第五編輯部總監——梁芳春

出　版　者　時報文化出版企業股份有限公司

10803 台北市和平西路三段二四〇號七樓

發行專線—（〇二）二三〇六—六八四二

讀者服務專線—〇八〇〇—二三一—七〇五

（〇二）二三〇四—七一〇三

讀者服務傳真—（〇二）二三〇四—六八五八

郵撥—一九三四四七二四時報文化出版公司

信箱—台北郵政七九～九九信箱

時報悅讀網—http://www.readingtimes.com.tw

電子郵件信箱—yoho@readingtimes.com.tw

法律顧問— 理律法律事務所　陳長文律師、李念祖律師

印　　　刷— 詠豐印刷股份有限公司

初版一刷— 二〇一五年十月二十三日

定　　　價— 新台幣二八〇元

國家圖書館出版品預行編目（CIP）資料

人生只有一次，華麗的翻滾跳躍吧！/ 泛舟哥（張吉吟）作. --
初版. -- 臺北市：時報文化，2015.10
　面；　公分
ISBN 978-957-13-6424-7(平裝)

1.格言

192.8 　　　　　　　　　104019448

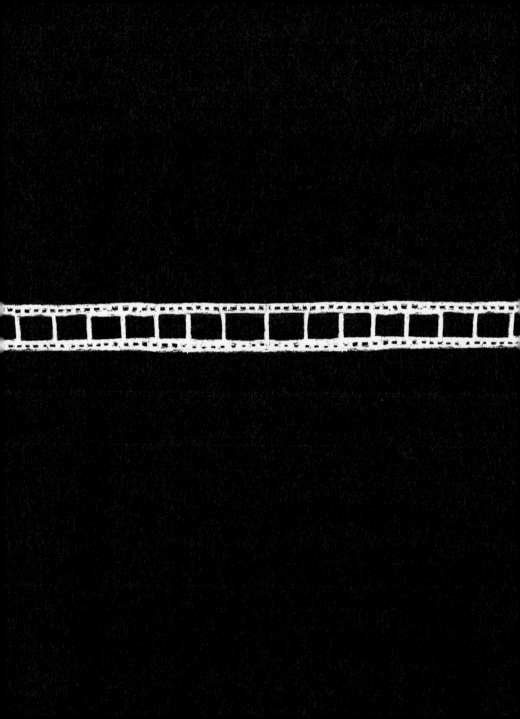